ALDO VIA

SELECTED I

Aldo Vianello

Selected Poems

IN TRANSLATIONS BY

Richard Burns
Peter Jay and Linda Lappin

Anvil Press Poetry

Published in 2008
by Anvil Press Poetry Ltd
Neptune House 70 Royal Hill London SE10 8RF
www.anvilpresspoetry.com

The translations from
Time of a Flower © Richard Burns (Berengarten) 1968
All other translations © Peter Jay and Linda Lappin 2008

For details of the Italian texts
see the Acknowledgements on page 160

This book is published
with financial assistance from Arts Council England
and with the financial support
of the Italian Ministry of Foreign Affairs

Designed and set in Monotype Bembo by Anvil
Printed and bound in England
by Cromwell Press, Trowbridge, Wiltshire

ISBN 978 0 85646 413 3

A catalogue record for this book
is available from the British Library

Contents

Preface   11

From Time of a Flower (1968)
Translated by Richard Burns

from TIMIDE PASSIONI, 1964

Alla più cara città
   To the Most Beloved City   15
Sperduto amore
   Discarded Love   17
Pensieri
   Thoughts   19
Madre
   Mother   21
Orgoglio
   Pride   23
L'alba
   Dawn   25
Rievocando
   Re-Evocating   27
L'Aprile
   April   29
Sono tornato
   I Have Come Back   31

from CUORE E ABISSO, 1966

Tempesta
   Storm   33
Ombre severe
   Sharp Shadows   35
Quando mi viene a mente
   When She Comes to My Mind   37

Translated by Linda Lappin and Peter Jay

from CUORE E ABISSO, 1966

Un poeta al mondo
   A Poet in the World   39

from IL TIMONIERE DEL SOLE, 1969

Quando?
   When?   41
Di fuori
   Out There   43
L'isola dei pazzi
   The Island of Madmen   45
Il padre
   The Father   47
Divertí il mio riso
   Tickled the Laughter   49

from UNA FONTE SI APRE, 1970

Vieni a vedere
   Come and See   51
La mia regola
   My Rule   53

from PER UNA TERRA DI STELLE MORTE, 1971

Il mare, mio sangue
   The Sea, My Blood   55
L'aria è sporca di strade
   The Air is Dirty from the Streets   57
Il prezzo del vivere
   The Price of Being Alive   59
Con martelli tremendi
   With Dreadful Hammers   61

from CAPOVOLTO IL DOMANI, 1974

La stagione artificiale
The Artificial Season   63
Sinfonia in rosso
Symphony in Red   65

from EVENTO UMANO, 1976

Questo ripete la valle
This the Valley Repeats   69
Nutrito dalle galassie
Nourished by the Galaxies   71
Il quasi fantoccio
The Not-Quite Puppet   73
Terapia di gruppo
Group Therapy   75

from NUOVO TEMPO, 1977

Percezione
Perception   77
Ci sono ancora vasti silenzi
There Are Still Vast Silences   79
Con fatica
With Effort   81
Il fuggitivo
The Fugitive   83
Nel rosario delle nevi
In the Rosary of the Snows   85
Lampi
Lightning Flashes   87
Il vento è parola
The Wind is Word   89

from CON UN CARICO DI PIETRE, 1981

Il risveglio urta la piaga
    Waking Jars the Wound   91
Dove si spezza la fortuna
    Where Fortune Breaks   93
Per un brivido di conquista
    For a Thrill of Conquest   95
Nell'esempio del fabbro
    In the Blacksmith's Example   97

from IL GUARDIANO DELL'ESTATE, 1981

Incarniamo le logore stagioni
    We Incarnate the Worn Seasons   99
Ho conosciuto un uomo
    I Knew a Man   101
La cadenza del vivere
    The Cadence of Living   103

from OCEANI DI RISCATTO, 1992

Il giorno
    The Day   105
Sfida perenne
    The Eternal Challenge   107

from SINFONIA DI UN POTENZIALE SUICIDA, 1993

XXV: In attesa del tradimento
    XXV: *Waiting for betrayal*   109

from GLI ECHI DELLA MIA VALLE, 1995

Nel carro d'agosto
    In the August Cart   111
Invecchia l'anima
    The Soul Grows Old   113

Versi a digiuno
Lines While Fasting   115
Un altro soffio del tempo
Another Breath of Time   117
Sul crinale delle formiche
Along the Ridge of Ants   119
Se non ti fossi piegata
Had You Not Bowed   121

from DAL SILENZIO AL NULLA, 1998

La natura gioca e morde
Nature Plays and Bites   123
Stregato dalla solitudine
Bewitched by Solitude   125
Tra le mura e l'ignoto
Between the Wall and the Unknown   127
Pirati
Pirates   129
L'amore non sa più attendere
Love Can't Wait Any More   131
A un passo dalla meta
One Step from the Goal   133

from IL RIBELLE, 2002

Dio mi ascolta
God Has Listened to Me   135
In libertà di vento
In the Wind's Freedom   137
Hanno un pianto, le nazioni
The Nations Have a Lament   139
Alla mia vecchia penna
To My Old Pen   143
Quattro versi e una zanzara
Four Lines and a Mosquito   147

from IL PIACERE DI NON FINGERE, 2004

La patata
   The Potato   149
Non rimane che un porto
   Nothing Is Left But a Port   151
Appena sveglio
   On Waking Up   153
Fratello pesce
   Brother Fish   155
Transustanziazione
   Transubstantiation   157
Per un larice morente
   For a Dying Larch   159

ACKNOWLEDGEMENTS   160

Preface

THE FIRST TWO books of poetry published by Anvil Press in 1968 were by an English poet, Harry Guest, and a young Italian who was then completely unknown outside his native Venice – and only beginning to make a name in his beloved city. Aldo Vianello was nearly 30 when Richard Burns (now known as Richard Berengarten) began to translate his poems.

These things happen by chance, some might say, or synchronicity. Richard had been contributing poems and translations to my poetry magazine *New Measure*, where a number of his versions of Vianello's poems appeared in 1966–7. He had also been living in Venice, lodging with the poet Peter Russell, later published by Anvil, and teaching English for a living before returning to England.

Richard met Aldo by chance in late 1965, when the Venetian poet called at Peter Russell's flat to pay his respects. The two young poets struck up an immediate rapport. Vianello's first two books, *Timide passioni* and *Cuore e abisso*, had just come out with the publisher Rebellato in nearby Padua. Richard's selection was made from these two books, with one poem – curiously, the title poem – from his following collection, *Il timoniere del sole*, which was published in 1969. Richard must have seen it in manuscript. A book of these delicate, haunting poems was irresistible to me at the beginning of the Anvil project. We published it in the autumn of 1968, entitled *Time of a Flower*.

Vianello's qualities in those early books were clear and strong. He was in some ways a latter-day Imagist, about whose poems Ezra Pound had said warm things. The poems spoke with a near-magical or spell-like quality about Venice, about solitude, about love and loss. They were pared-down, intensely musical, their often epigrammatic brevity matched by a lyric soul: fragile but strong, light and dark by turn, intimate. And here, since I know very little Italian, I am really describing the quality of Richard's translations.

Vianello's personal story is one of survival and between the lines of many of his poems – and some-times on their surface – one can sense the struggles he has been through. He left school aged ten. His earliest encounter with poetry was hearing his father's songs. In his youth he worked on the wooden barges of Venice. He has battled against poverty, depression, a sense of isolation and loss (or of being lost), and against alcohol. An early poem 'Alla mia dannazione' from *Cuore e abisso* ('At My Damnation' in Richard's version, below) is more explicit than most of the poems in this selection:

> I am there at my damnation
> and I don't want to do anything.
> With my head bowed, always alone,
> I carry my heart slowly
> to begin again in the horror of morning.

Against such poems one might weigh 'I Have Come Back' (page 31), with its glorious ending: 'I have come back to one of memory's smiles of the first green enchantment.'

Vianello has fought his demons with courage, persistence – and faith: in God, in poetry. Forty years on from that early English collection, I wanted to revisit the poet whose work I loved and which still seemed to me the quintessential poetry of Venice. To my delight he agreed to a new selection, though this was tempered with sadness that Richard was unable to undertake the work. Linda Lappin, a writer, literary translator and long-time resident of Italy whom I first met at the International Writing Program in Iowa in 1975, agreed to help.

Over these years Vianello has been a prolific poet, with nineteen collections to his name. Without the poet's preliminary choice of poems – more than twice the fifty or so Linda Lappin and I were finally able to translate – we would barely have known where to start.

So this is in no sense a representative selection. Linda chose poems which she thought most suited to our tastes and abilities, those which might come across in English. She drafted the versions which I then edited; we discussed them until we both felt we could do no better. The book is arranged chronologically and the poems appear in the order of their collections. It opens with my choice of a dozen versions by Richard from *Time of a Flower* (pages 15–37).

Translation has a natural tendency to smooth over or flatten distinctive peculiarities. Vianello's sometimes startling syntax and use of unexpected prepositions are not things we have always been able to replicate. But those who know some Italian can turn directly to the poems themselves for his original twists and turns.

PETER JAY

Alla più cara città

Venezia,
cerchio di vie,
voce corale serena
nel guizzo che dondola,
non ho che te dai soli
tristi e solitari,
dagli abissi cupi.

Fra lo specchiarsi d'ombre
e rosei volti
l'alto suono che brilla.

To the Most Beloved City

Venezia,
ring of streets,
calm choral voice
in the glitter of rocking water,
from all the sad and solitary
suns, I have but you,
from all the gloomy abysses.

Between the mirroring of shadows
and roseate faces
your high chime hovers, sparkling.

Sperduto amore

Rieccomi fra le stanche anime,
in una stanza umida e corrosa;
vecchi pazzi e ladri,
trenta vecchi letti.
Qui, avida di sonno, piange
ancora la mia bella età
per i tanti ricordi.
Sono lo sperduto amore;
uno sciupato volo
del cuore agli accordi
della contemplazione.

Discarded Love

Here I am again among the hopeless people,
in a damp corroded room;
old madmen and robbers,
thirty old beds.
Here, greedy for sleep,
my beautiful young age still mourns
its many, many memories.
I am discarded love;
a wasted flight of the heart
to the chords
of contemplation.

Pensieri

Sono nel volto dei pensieri.
La mia giovinezza è poco
più del fiore;
resta a contare gli anni
e ad ascoltare il silenzio
della pietà.

Fra me e la notte c'è il vento.
Rare sono le stelle che danno
la febbre del cielo;
cadono come i miei sogni
trascolorati in notturne forme
d'incubo.
          Fra me e il giorno c'è il mare
che danza la funebre allegria
del suo abisso.

Thoughts

Thoughts flood my face.
My time is little more
than a flower's; nothing
is left but to count up the years
and hear out their pitiful
silence.

Between me and the night is the wind.
Only a few stars
etch the sky with their fever;
they cascade like my dreams,
their colours dissolved
into the nightmare's
dark, haunting shapes.
         Between me and the day is the sea,
dancing the deathly merriment
of its abyss.

Madre

Quale pace
fra le sue vesti
nere, vecchie, unte
per il soffiare nel fuoco,
e sempre
fino a che il suo capo
coperse il mio
con i candidi capelli.

Mother

What peace
between the folds
of her old black dress, grimy
from blowing into the fire,
peace always
as long as her head
covered my own
with whitened hair.

Orgoglio

Mio padre, età vegliarda,
scalzo col sole e la luna,
forte e fiero,
ritto sulla fatica a remare,
o che sta nuotando a tuffo di monello,
è solitario come l'anima
che fa il gioco del sorriso aperto.

Pride

My father – getting on in years,
barefoot under sun and moon,
virile, tough,
upright over the hard strokes of rowing,
or swimming, plunging like a sandboy –
is alone as the soul
which makes a game of the broad beaming smile.

L'alba

Fa volgere il capo e la mente
l'alba ricca di segreta voce
nella fragranza del mare.
Quasi il silenzio
rotto soltanto da striduli cori;
il senso infinito delle fuggenti
attese.

Dawn

Rich with the secret voice
of the sea's fragrance, dawn
spins round the head and mind.
Almost silence,
broken only by strident choirs;
the infinite sense of fleeting
expectations.

Rievocando

Conobbi nel mare l'originale studio
impetuoso del cuore.
Di natura malinconica, fuggente
dalla folla, riverso a lungo
nei raggi diversi,
ardo nel pensare l'età mia soave
che si curvò dalla fatica nell'onda
meditando i personaggi del nuovo tempo.

Re-Evocating

In the sea I knew the heart's
impetuous primal rapture.
By nature melancholy, escaping
the crowd, for ages I lay
full length, in all lights —
now I burn at the thought of my gentle age
that was bent to the hard oar strokes on the waves,
musing on new characters, the people of future time.

L'Aprile

Il miracolo ci è attorno
è nella parola.
Tutto ride; anche le stelle
hanno del giorno
la luce in bianco
argento.
La luna falcia i pensieri:
la spiaggia affolla il cuore
di brezza dolce-amara.

April

The miracle is all around us,
is in the word.
Everything laughs; even the stars
have the day's
light in white
silver.
The moon reaps thoughts:
the beach mobs the heart
with bitter sweet breeze.

Sono tornato

Mare, filare di scogli in rovina, terra solitaria,
piccole case gremite in fila, lungo lo specchio
della splendida laguna.
Verde dei piccoli campi, reti, alghe asciutte e vele
nei lontani canti, uomini gai
che da superbi marinai v'innamorate d'ogni luna,
donne che a guizzi ricamate con fili di seta
intrecciati dai legni ben lavorati nel pallone di
    paglia,
son tornato a un sorriso del ricordo del primo
    verde incanto.

I Have Come Back

Sea, range of ruined rocks, lone land,
little houses packed in rows along the mirror
of the shining lagoon.
Green of the little fields, nets, dried seaweed and sails
in distant songs, you carefree men
who, as proud sailors, fall in love with every moon,
you women who, with flickering hands, embroider
    straw baskets
with silken threads, interlaced on fine carved wooden
    spindles,
I have come back to one of memory's smiles of the
    first green enchantment.

Tempesta

L'azzurro è chiuso
nella gravità del tuono.

Dai vetri il senso
cade ai voli.

È desto il tempo
come l'ora dei capricci.

Storm

Blueness enclosed
in the burden of thunder.

Tremor falling
from glass panes to flight.

The sky's wide awake
like the hour of caprices.

Ombre severe

La barca scivola lenta
sull'onde calme
vicina all'isola dei morti.

Quattro ombre severe
dileguate nella foschía
rimasta al tramonto delle parole.

Sharp Shadows

The boat glides slowly
on the calm waves
near the isle of the dead.

Four sharp shadows
dispersed in the mist
left behind at the sunset of words.

Quando mi viene a mente

Ancora ti cerco
ma vieni come l'eco
a lume spento.

Mite in senso eterno,
dall'acre vuoto d'ombra,
spargo, con lo sguardo
asciutto di lagrime,

rose sopra a una morta
che per il nostro domani
fu tutto cuore.

When She Comes to My Mind

I search for you still
but you come like the echo
to spent light.

Meek in the eternal sense,
with dried tears in my eyes,
I sprinkle
from the acrid void of shadow

roses over a dead lady
who was all the heart
of our tomorrow.

Un poeta al mondo

Seduto come un lebbroso,
ma capace di sollevare il capo,
tace pensando
e ascoltando ride,
poi alto freme d'ira
facendo udire i denti marci
e sputa
sul fazzoletto profumato.

A Poet in the World

Sitting like a leper
yet able to raise his head,
he is silent, thinking
and listening, he laughs
then tall shakes with rage
making his rotten teeth chatter
and spits
into a scented handkerchief.

Quando?

Attendo una scodella di minestra
e un pane
dove santi lasciano
cornici d'oro
per mangiare con noi
sull'erba.
Quando
ci accorgeremo d'essere fratelli
e in ogni parte del mondo
ognuno
dividerà con gli altri
il dono della vita?
Quando
guarderemo l'azzurro fresco,
ascoltando il silenzio
come vergini in solitudine?

When?

I am waiting for a bowl of soup
and some bread
where saints leave
gilded frames
to eat with us
on the grass.
When
will we realize that we are brothers
and will everyone
in every part of the world
share with others
the gift of life?
When
will we look on the cool blue,
listening to the silence
like virgins in solitude?

Di fuori

Che c'è da dire di nuovo?
Di fuori
c'è qualcosa di pulito:
la neve che scioglie
dai miei occhi il male.

Out There

Anything new to be said?
Out there
there's something clean:
snow melting
the evil from my eyes.

L'isola dei pazzi

Ho varcato una grande porta
di ferro
piena di gridi e di rabbia.
Ho seguito un poderoso
angelo della pena
in una sala gremita
d'uomini grigi.
Ero come una statua nell'angolo,
tra gesti agitati
e risa di strega.
Il pranzo era grasso;
qualche piatto d'acciaio
sporcava il muro
di mela e cioccolata.
Un confetto del sonno
mi allontanò dalla notte
dei volti chiusi;
e il Cristo dei poveri
giocava con noi
partite a dama,
nere o bianche,
ma senza fine.

The Island of Madmen

I stepped through a huge gate
of iron
filled with cries and rage.
I followed a mighty
angel of sorrow
into a hall crowded
with grey men.
I was like a statue in a corner,
amid agitated gestures
and witches' cackling.
Lunch was greasy;
a few steel dishes
dirtied the wall
with apple and chocolate.
A sleeping pill
took me away from the night
of closed faces;
and the Christ of the poor
played draughts with us,
black or white,
but without end.

Il padre

Riposa, fanciullo, dormi,
andiamo nella notte
veloci verso la città di neve.
Ti duole la spalla,
che appoggiata al remo spinse
la grande barca.
Ora l'acqua ci porta e il vento.

The Father

Rest, child, sleep,
we will go in the night
quickly towards the city of snow.
Your shoulder hurts, that leant
on the oar and pushed
the great boat forward. Now
the water and the wind will carry us.

Divertí il mio riso

Il ricordo mi è caro
come il pasto che da fanciullo ingordo
era più volte breve.
Dalle mani dure la farina gialla
sull'acqua bollente
mentre il fuoco che crepitò sulle pietre
divertí il mio riso
dagli occhi lagrimanti per il fumo.

Tickled the Laughter

The memory is dear to me
like the often too short
meals of my hungry childhood.
From hardened hands yellow flour
into boiling water
while the fire
crackling on the stones
tickled the laughter
from my eyes tearful with smoke.

Vieni a vedere

Dove si va a finire
dopo la festa?

Figlio mio,
silenzio.
Il gallo ti chiama.
Vieni e vedere.

Come and See

Where do we end up
when the festivity's over?

My son,
silence.
The cock is calling you.
Come and see.

La mia regola

Dal diluvio delle cose
si può fondere
nel colore
vino e sangue.
Ma se le parole
devono seguire
una regola,
non è di moda
la mia camicia.
L'oro sulle dita
è inutile.

Metto un punto nero
sulla neve.

My Rule

From the flood of things
in colour
wine and blood
can mix.
But if words
must follow
a rule,
my shirt
is out of style.
Gold on the fingers
is useless.

I put a black spot
on the snow.

Il mare, mio sangue

Il mare, mio sangue,
nuota verso le paludi.

Un frutto a pezzi
è il tempo,
tutto resta in ginocchio,
si piega la vita
sui giganti di creta.

Occhi sorti dal diluvio
hanno liberato
un grido di bandiere.

The Sea, My Blood

The sea, my blood,
swims towards the marshes.

Time is
a fruit broken in pieces,
everything stays on its knees,
and life bows
upon the giants of clay.

Eyes escaped from the flood
have unleashed
a cry of flags.

L'aria è sporca di strade

Troppo alte
sono le case,
un muro
ferma i giochi.
L'aria è sporca di strade,
la parola del bacio
è deserta.

Ieri il fuoco
ha spento un'altra vita
per nuovi messaggi.
E la pazienza
è presa per la coda
anche dai santi.

The Air is Dirty from the Streets

Too high
are the houses,
a wall
puts an end to games.
The air is dirty from the streets,
the word of the kiss
is empty.

Yesterday the fire
put out another life
for new messages.
And patience
has just been caught by the tail
even by the saints.

Il prezzo del vivere

Non è ancora finita la notte
ma è già bruciato l'idolo
di questa nudità
senza requie.

L'antica forza
sulla terra di tutti
gettava il seme cantando
i liberi elementi.

Riportiamo
alla giusta sintesi
il prezzo del vivere.

Si dileguano ruote
sul ponte della noia.

The Price of Being Alive

Night isn't over yet
but the idol
of this nakedness without rest
has already gone up in flames.

The ancient power
on everybody's earth
sowed the seed singing
of free elements.

Let us restore
the price of being alive
to a just synthesis.

Wheels roll away
across the bridge of boredom.

Con martelli tremendi

Lasciati sulla riva
dalle cieche madri,
un sonno di sudore
ci riporta al mattino.

L'arma non ha più il fodero.
Il mondo attende
il bagno delle tenebre.

Con martelli tremendi
il mistero
colpisce l'acqua che vomita
la carogna del tempo.

With Dreadful Hammers

Abandoned on the shore
by blind mothers,
a sleep of sweat
brings us back to morning.

The weapon is no longer sheathed.
The world awaits
its bath of shadows.

With dreadful hammers
mystery
strikes the water which spews forth
the carcass of time.

La stagione artificiale

Il conto con noi stessi
ci fa sentire soli.
Lontani dalle tracce
d'una storia pulita
c'è poca voglia d'amare.

Nella stagione artificiale
figli senza nome
guardano
sfrenate libagioni
da una terra di relitti.

Vanno i passi del risveglio
tra l'asprezza dei fulmini;
umiliate dal fango
salgono lumache
su vessilli di pace.

Raccolgo pietre focaie
lungo l'ultimo torrente.

The Artificial Season

Reckoning with ourselves
makes us feel alone.
Far from any trace
of an honest affair
there is little desire to love.

In the artificial season
nameless children
observe
frenzied libations
from a land of ruins.

Footsteps on waking follow
the lightning's rough path;
humiliated by mud
snails climb
up flags of peace.

I gather pieces of flint
along the last stream.

Sinfonia in rosso

L'alba scopre deserti
nel pudore della polvere
e noi, scaturiti dai fossili,
serbiamo rispetto alla morte
chiusa nella muffa degli antri.
Superbo modello del sangue,
le piramidi
fingono d'ingannare i millenni.
Amo la verginità delle pianure,
ma ho le spalle cariche di foreste,
amo il confine delle onde,
i templi dedicati all'aria.
Soggetto alle azioni organizzate
ti compiango, popolo di cacciatori,
larva dell'arbitrio.
Adagiata nel profumo del muschio
scoppia l'idropisia degli annoiati
che al tavolo dei burocrati
covano vizi.
L'intima scoria cancerosa
si nutre di spirito atomico,
e i pochi rimasti in ascolto
al richiamo della vita
si ribellano al morso della colpa,
attoniti alla sensazione
di abbandonare l'opera incompiuta

Symphony in Red

The dawn reveals deserts
in the shame of dust
and we, born of fossils,
harbour respect for death
enclosed in the mould of caves.
Marvellous model of blood,
the pyramids
feign deceiving the millennia.
I love the virginity of the plains
but my shoulders bear the burden of forests,
I love the borders of the waves,
the temples dedicated to air.
Subjected to organized action
I pity you, people of hunters,
worm of free will.
Reclining in the scent of moss
the dropsy of the bored
explodes, their vices concealed
at the table of bureaucrats.
The intimate cancerous waste
is nourished by the atom's spirit
and the few who remain to heed
the call of life
revolt against the grip of guilt,
astonished by the sensation
of leaving the work unfinished,

somigliano a nudi storpi
in cerca della propria origine
dove spunta la rosa soffocata
dalle assurde città.
Ridotti a spietata follia,
portiamo dovunque la cadenza
dei colpi taglienti,
l'acerbo colore degli atti.
Solo quando li esaminiamo,
s'attenua lo spasimo,
la virtù prende forma
nel cammino che sfida i poli.
Allora può continuare il viaggio
la nave dalle grandi vele.

they resemble naked cripples
in search of their own origin
where the suffocated rose
sprouts from the absurd city.
Reduced to ruthless folly
we carry everywhere the cadence
of knife-sharp blows,
the acerbic colour of our deeds.
Only when we examine them
does the pain abate,
virtue takes shape
in the path challenging the poles.
Then the ship with the great sails
can voyage onwards.

Questo ripete la valle

Grappoli di case su gradini d'erba
e bosco mascherato dal sole.
Sulla squadrata roccia
rossi giganti,
sguardo di corallo
scruta l'era colma di mare.
Ovunque torri,
pazienza e fuggenti forme.
La parola fecondò il campo
e la fredda radice,
emanò il tempo
al richiamo del pastore.
Questo ripete la valle
prima che il fuoco bruci le montagne.

This the Valley Repeats

Clusters of houses on grass steps
and a wood masked by the sun.
On the square rock
red giants,
their coral gaze
studies the age brimming with sea.
Towers everywhere,
patience and fleeting shapes.
The word has made fertile the field
and the cold root,
and decrees time
at the shepherd's call.
This the valley repeats
before the fire burns the mountains.

Nutrito dalle galassie

Raggi disseccano
le fondamenta delle metropoli.
Sulla mia fronte è il segno del calcagno.
Madre, che cos'hai contro di me?
Nutrito dalle galassie ti appartengo.
Di me c'è solo il chiedere continuo
a una stella di latte
perché mi attrae dalle tempeste.
Vincermi non puoi palude
che riproduci il veleno
d'una serpe.
Il manto che mi ricopre
è di fibre marine.

Nourished by the Galaxies

Rays parch
the foundations of cities.
On my forehead is the mark of a heel.
Mother, what have you got against me?
Nourished by the galaxies, I belong to you.
All that I am is a continuous question
to a milky star,
why does it draw me to storms.
Swamp, you cannot defeat me,
though you may distil
a snake's poison.
The cloak that covers me
is made of threads from the sea.

Il quasi fantoccio

Simile alla tela stracciata
il quasi fantoccio
nasconde la stizza
del meditare.

Calpesta nella terra di nessuno
creature pietrificate
e schiaccia la propria ombra.

Lo sveglia il gelo siderale
nelle cavità di pomice,
dove il riposo continua
straziando il silenzio.

The Not-Quite Puppet

Like torn canvas
the not-quite puppet
conceals the annoyance
of meditation.

In no-man's-land he tramples
petrified creatures
and crushes his own shadow.

The stellar chill wakens him
in the pumice cavern,
where repose continues
tormenting the silence.

Terapia di gruppo

Il messia bianco
divide il buio
da cardini di fiamma,
concentra la gravità
corregge l'oscillazione,
assorbe l'impatto.
I viluppi si fanno torba
per bruciare a Natale.
Ha lo sguardo pieno d'isole
il mio vicino di sedia,
la sua testa
nitrisce come un cavallo
fuori dallo steccato.
La mente troverà il mezzo
di evocare un viaggio
fin dai primordi sepolto.
Si colmeranno orizzonti
e la terra sopporterà
le orbite basse del dolore.

Group Therapy

The white messiah
divides the darkness
from hinges of flame,
concentrates gravity
corrects the oscillation,
absorbs the impact.
Tangles turn to peat
for burning at Christmas.
The person sitting next to me
has his eyes full of islands,
his head
neighs like a horse
outside the fence.
The mind will find a way
to evoke a journey
buried since the start of time.
The horizons will be filled
and the earth will bear
the low orbits of pain.

Percezione

Percezione di vastità lontane.
Qualcuno si rigenera al battesimo dei lampi
con tiri di fionda e frasi
concepite sotto il castagno.
L'incontro si concede agli effluvi,
e il potere affina il dente
nel muscolo della terra.
Il giorno ruba al giorno che lo precede
la composizione del tempo,
sul capo si attorcigliano illusioni
d'un fine che risplende nel sonno.
Quando le furie primordiali
lasciano i loro territori
e calpestano l'estate,
la pietra perde il brivido
della vergine luce.
Ogni colore non è più se stesso.
La creatura dalle mani rotte
esce vertiginosa dalla storia.

Perception

Perception of distant vastness.
Someone is reborn in the baptism of lightning
with catapult shots and phrases
conceived under the chestnut.
The encounter yields to vapours
and power sharpens its tooth
in the earth's muscle.
Each day steals from the day before
the composition of time,
around the head are twisted illusions
of an end shining in sleep.
When the primordial furies
leave their lands
and trample on the summer,
the stone loses the quivering
of the virgin light.
Every colour no longer is itself.
The creature with broken hands
giddily escapes from history.

Ci sono ancora vasti silenzi

Da quando la mano cade inerte
sul prodotto dei facili costumi
si preclude l'ambiente di grazia,
la fresca pregnanza
che dai monti scende all'ulivo.
L'aria è pesante di corpi feriti,
si appiattisce il raggio
nei vuoti polverosi,
il male si deposita
nei canali dell'autosufficienza,
in morsi di mare attecchisce
il veleno della coscienza morta.
Ci sono ancora vasti silenzi
da coltivare.
Regni riflettono i balzi
di strenui cantori
e aspettano gli uomini
liberi da ogni pallido credo.

There Are Still Vast Silences

Ever since the hand fell inert
on the product of loose morals
the environment of grace is blocked,
the cool significance
that falls from the mountains to the olive tree.
The air is heavy with wounded bodies,
the ray is flattened
in dusty voids,
evil settles
in the canals of self-sufficiency,
in the sea's biting the poison
of dead conscience takes effect.
There are still vast silences
to cultivate.
Kingdoms reflect the leaps
of courageous bards
and wait for men
free of any pale creed.

Con fatica

Di nuovo l'anima si frantuma
nell'immobilità,
il breve colore
già tocca il suolo.
Lunghe arsure,
squarci improvvisi,
dilaniano il sempreverde.
Le parole girano a vuoto,
e gli esempi immutabili
sono da consumare in fretta.
Nel delirio della città
si alzano volute di gas,
con fatica si serba il sorriso
come una moneta nel pugno.

With Effort

Again the soul is shattered
in immobility,
the brief colour
has already touched the ground.
Long droughts,
sudden gashes
rip the evergreens apart.
Words go nowhere,
the immutable examples
must be hastily consumed.
In the city's delirium
spirals of gas ascend,
with effort smiles are kept safe
like a coin clutched in the fist.

Il fuggitivo

Il cielo assottiglia i segni
degli ultimi tempi.
Vinta l'eredità
degli spazi calcarei,
il fuggitivo
ha il passo pesante
di elementi sognati.
Di sé non lascia che la parte
estenuata al ripetersi
degli eventi naturali,
i sordi appelli,
lo schianto degli affetti.
Nel viaggio della verità
mai si volge a tradire la partenza
con uno sguardo di memoria.
Per non diventare di sale
prosegue nell'ampio respiro
dove sui ciottoli sprizza l'aurora.

The Fugitive

The sky whittles away the signs
of recent times.
Having won the legacy
of limestone spaces,
the fugitive
has the heavy tread
of dreamed elements.
Of himself he leaves only the part
worn out by the repetition
of natural events,
the deaf appeals,
the crash of his affections.
In the journey of truth
he never turns back to betray departure
with a glance of memory.
Not to be turned to salt
he proceeds in the great breath
where the pebbles are sprinkled with dawn.

Nel rosario delle nevi

Da quando le pietre
furono abitate dal mare
l'alba riprende dominio,
scandaglia la purezza.
Spalancato il giorno
la fede lo accompagna,
l'inconscio muta i limiti.
Schiavi non più della noia
si liberano gli anticorpi.
L'occhio rende all'eterno
il fluire dei colori,
concetto che si perpetua
nel rosario delle nevi.

In the Rosary of the Snows

Ever since the sea
has inhabited the stones
dawn has seized command,
sounding the depths of purity.
The day opens wide
accompanied by faith,
the unconscious changes the limits.
No longer slaves of boredom
the antibodies are unleashed.
The eye yields the flow
of colours to eternity,
a concept perpetuated
in the rosary of the snows.

Lampi

Si naviga per sempre nuovi poli.
Le parole offrono lampi,
fanno intravedere un relitto
dissolto nel coraggio
di stanche passioni.
Come la trave sovrasta i sensi
cosí lo sguardo espugna
la genesi dell'essere
negli esempi solari.

Lightning Flashes

We navigate by poles ever new.
Words offer lightning flashes
to illuminate a wreck
dissolved in the courage
of weary passions.
Just as a beam overhangs the senses
so the glance defeats
the genesis of being
in solar examples.

Il vento è parola

Lungo i rossi pinnacoli,
dove il sentiero
si perde nelle ossa dei bisonti,
il vento è parola.
La terra ancora vi tempra
il figlio del Grande Spirito.
Non è più tempo
di contemplare le opere
di quanti rimasti ai confini.
I giorni galoppano sulla preda.
Pallido è il dominatore
che bolla i decreti
nel porto della libertà.
Ma il sole batte e scolpisce
i volti di calcare,
un coro circonda la danza.
Anche tu, fratello,
riprendi la tua origine
nel fiato della sorgente.
Uomo dallo sperone fuso,
il coyote alza la sua nenia
sui bivacchi del destino.

The Wind is Word

Along the red peaks,
where the trail
peters out amid the bison bones,
the wind is word.
The earth still tempers there
the son of the Great Spirit.
No longer is it time
to contemplate the works
of those who stayed at the borders.
Days gallop after quarry.
Pale is the dominator
who issued the decrees
in the port of freedom.
But the sun beats down and sculpts
the limestone faces,
a chorus surrounds the dance.
You too, brother,
recover your origin
in the well-spring's breath.
Man of the melted peak,
the coyote raises its keening
over the camps of destiny.

Il risveglio urta la piaga

Il risveglio urta la piaga
della perduta origine,
l'alba si snoda come serpe
sulla corteccia del melo.
È un deserto il cuore
nel gioco dell'oggetto.
Nella sua trincea
l'occhio si rende ossesso
quando la sera si prepara
a difendere la propria fede.

Waking Jars the Wound

Waking jars the wound
of the lost origin,
dawn slips by like a snake
on the bark of the apple tree.
The heart is a desert
in the object's game.
In its trench
the eye becomes obsessed
when evening readies itself
to defend its own faith.

Dove si spezza la fortuna

Sei come una vanga
nel solco delle vicende.
Le risate e i tiri di fionda
hanno ancora un bersaglio.
Dalla noia paesana
ti sei volta ai segni più alti
della vita che non ha peso.
Non seguire il verbo dei lampi
là dove si spezza la fortuna
e il bronzo della fede.
Espugnato sarà il tempo.
Così potrai dare fiamma
alle umane stagioni
e a quanto di schiuma e fango
avvolge il seme delle primizie.

Where Fortune Breaks

You are like a hoe
in the furrow of events.
Laughter and shots from a catapult
still find a mark.
From village boredom
you have turned to higher signs
of the life that has no weight.
Do not follow the lightning's word
there, where fortune breaks,
and the bronze of faith.
Time will be defeated.
So you may set ablaze
the human seasons
along with the foam and mud
that wraps the first fruits' seed.

Per un brivido di conquista

Il corpo dell'uomo è un fiume.
Il suo viaggio esprime
memorie di riscatto,
quando il dolore tocca
l'origine del tuono.
Annuncia la ricerca
di ogni aspetto più vero.
Per un brivido di conquista
frusta la calma del silenzio.

For a Thrill of Conquest

Man's body is a river.
His journey expresses
memories of redemption,
when pain touches
the origin of thunder.
It announces the search
for the truest aspect.
For a thrill of conquest
it whips the calm of silence.

Nell'esempio del fabbro

Il dono si ripete
nell'esempio del fabbro
che libera la fronte
al monito dei colpi
squillanti nel fuoco.
Simile a colui che uscì dal mito
per dare alla notte
l'immagine più pura della vita,
egli si piega ai duri elementi
e spezza il pane
più naturale del mondo.

In the Blacksmith's Example

The gift is repeated
in the blacksmith's example
as he frees his brow
to the warning of blows
ringing in the fire.
Like the one who came from myth
to give night
the purest image of life,
he bows to the hard elements
and breaks the most
natural bread in the world.

Incarniamo le logore stagioni

Incarniamo le logore stagioni,
ci vestiamo di tempeste.
Pietà e silenzio
chiudono il conto in passivo.
Leviamo a freddo gli occhi
verso cieli che spezzano
bilance di stoltezza.
Sensazione di mura che crollano
penetra le cavità desolate,
si ripete il brivido del nascere.
Uccelli vestiti di nebbia,
mendicanti di cieli diversi,
districhiamo l'ordito del tempo.

We Incarnate the Worn Seasons

We incarnate the worn seasons,
we clothe ourselves in storms.
Mercy and silence
close out our account in the red.
Coldly we lift our eyes
toward skies which break
scales of stupidity.
The sensation of walls crumbling
penetrates the desolate cavities,
the shudder of birth is repeated.
Birds clothed in fog,
beggars of different skies,
we untangle the warp of time.

Ho conosciuto un uomo

Ho conosciuto un uomo.
Voleva appuntarsi al bavero il sole,
spruzzarsi di stelle la camicia,
mettere al guinzaglio
la costellazione del cane.
Voleva perfino incarnare
la bontà degli spazi,
e quando si sforzò
di essere l'alba
frantumò su di lui tutto il cielo
come lo vedevano gli uomini.

I Knew a Man

I knew a man.
He wanted to pin the sun to his lapel,
spray his shirt with stars
and put a leash
on the dog constellation.
He even wanted to embody
the goodness of space,
and when he tried
to become the dawn
the whole sky shattered down on him
as the men saw it.

La cadenza del vivere

Fortuna disprezza la coerenza
di un mattone sull'altro,
la sua casa non ha cemento
né finestre da cui sporgere gli occhi
verso la fantasia della terra.
Le sue giornate non hanno ore
piene di consiglio.
Meglio l'estate,
la giovane estate,
favola ritrovata
nel torpore del granchio,
cadenza del vivere
lontano dalle acque irrequiete.

The Cadence of Living

Fortune scorns the consistency
of one brick on another,
in his house there is no cement
nor windows from which eyes may peer
down on the fantasy of earth.
His days have no hours
full of counsel.
Better the summer,
the young summer,
a fable rediscovered
in the torpor of the crab,
cadence of living
far from unquiet waters.

Il giorno

Il giorno, carro con due pesi,
è simile a una donna
che si dona all'amante
e vive il prezzo della piaga.
Gonfia di superbia la luce,
fa impallidire il fossile che segna
l'inizio di ogni strada.
C'è pur sempre qualcuno
che raschia le bruciature
dalla faccia del tondo pane
per imitare il sole.
In cerca di silenzio è il futuro:
nel suo camice bianco
trascina una gerla
bucata di proiettili.
Muore il seme dei proverbi
dove il vento ora piange se stesso.

The Day

The day, a cart with two weights,
is like a woman
who gives herself to her lover
and lives the price of her wound.
Swollen with arrogance the light
bleaches the fossil that marks
the start of every road.
There will always be someone
to scrape the charred spots
from the face of the round bread
to imitate the sun.
In search of silence is the future:
in its white coat
it drags a basket
punctured with bullet holes.
The seed of proverbs dies
where the wind now weeps for itself.

Sfida perenne

Sole di Giotto
avvolge un coro di voli
in fuga da una mente di nebbia.
Sfida l'uomo a farsi dono,
senso di correnti marine.
Sembra uno specchio per sole ombre,
quando giunge dove cade a pezzi
il futuro della fede!
Tramonta sulla magia del cuore,
per creare un suono
di verità nel doge,
che dipinge la Campana dei Mori.

The Eternal Challenge

Giotto's sun
envelops a chorus of wings
in flight from a mind of fog.
It challenges man to offer himself up,
a sense of sea currents.
It seems like a mirror only for shadows,
when it reaches where the future of faith
falls to pieces!
It sets on the magic of the heart,
to create a sound
of truth in the Doge,
painting the Bell of the Moors.

da Sinfonia di un potenziale suicida

XXV

In attesa del tradimento,
le ombre si fanno macchie sul muro,
perenne rivalsa nel tempio.
Per una schermaglia di lingue
nel bacio, uno sputo di sangue,
tra i rovi e le spighe,
rompe l'incanto sul mistero.

Il porgere l'altra guancia
disarma il cuore del giusto.

from Symphony of a Potential Suicide

XXV

Waiting for betrayal,
shadows become stains on the wall,
eternal revenge in the temple.
For a clash of tongues
in a kiss, a spitting of blood,
amid thorns and ears of wheat,
breaks the spell on mystery.

Turning the other cheek
disarms the heart of the just.

Nel carro d'agosto

Ali di polvere seguono le ruote
che nel sentiero dei lupi
cantano un tempo di salita.

I campi sono arsi.

Dovrebbe il cielo
tradire le sue origini
di pietra lunare
per divenire parola d'acqua
nel carro d'agosto.

In the August Cart

Wings of dust follow the wheels
along the track of wolves,
chanting a climbing rhythm.

The fields are parched.

The sky should
betray its origins
of moonstone
to become a word of water
in the August cart.

Invecchia l'anima

Chi vive dietro la propria ombra
non raggiunge la dignità del falco.

La grande pagina del tempo
batte sulla pelle riarsa,
porta l'eco d'una colpa
sulle rive deserte.

Invecchia l'anima
chiusa nel suo tramonto
e non sale il candore
che dipinge il sogno.

The Soul Grows Old

Those who live behind their shadows
do not attain the falcon's dignity.

The great page of time
beats on the parched skin,
carries the echo of a wrong
over deserted shores.

The soul grows old
enclosed in its sunset
and the candour that paints dreams
no longer rises.

Versi a digiuno

Il sole entra nelle mie tasche,
giganteggia sulle bianche pareti,
la calce ha macchie d'insetti.
Le cose sparigliate
formano una triste solitudine.

Non c'è umano rimedio.

Cristo rompe la cornice del quadro
sulla testa dell'ultimo poeta.

Lines While Fasting

The sun slips into my pockets,
looms on the white walls,
the whitewash stained with insects.
Severed pairs
compose a sad solitude.

There is no human remedy.

Christ breaks the picture frame
over the head of the last poet.

Un altro soffio del tempo

Oggi la mia umiltà brilla
di cinquanta piccole candele.
Riccioli di luna
sul mio capo rotondo.

Con la febbre nel bicchiere
il silenzio è la mia leggenda
raccontata dal mare.

Un altro soffio del tempo,
e la danza vola su Venezia.

Another Breath of Time

Today my humility sparkles
in fifty tiny candles.
Curls of moonlight
on my round head.

With the fever in my glass
silence is my legend
related by the sea.

Another breath of time
and the dance flies over Venice.

Sul crinale delle formiche

Bandiere incolori
sul crinale delle formiche.
Nel loro esempio
il cuore si fa briciole di pane.

Con quelle sagge creature
festeggio
lontano dai ceffi
lordi di sangue.
Si liberano parole
dalla gabbia di me stesso.

Along the Ridge of Ants

Colourless flags
along the ridge of ants.
In their example
the heart becomes breadcrumbs.

With these wise creatures
I celebrate
far from ugly mugs
filthy with blood.
Words are released
from the cage of myself.

Se non ti fossi piegata

Sarebbe stato lieve
il tuo passo
nella semplice strada
se non ti fossi piegata
ai voleri del mondo.

Un granchio in meno
avrebbe avuto la calca
delle anime inquiete.
Le sue chele non mi avrebbero
tagliuzzato il cuore.

Had You Not Bowed

How lightly
you would have walked
down the simple street
had you not bowed
to the will of the world.

The crowd
of unquiet souls would have had
one less crab.
Its claws would not have
torn my heart to shreds.

La natura gioca e morde

Come una trottola in libertà di vento
la Natura gioca e morde.
Oscura il sole
di cui l'uomo è una voce
che sul pugno affonda
nella selva e nei mari.

'El Niño', respiro di una mente
che distrugge idoli
e torri di menzogna,
rivendica la pace dei fossili.

A guisa di cieli
sempre più sfocati
negli abissi degli animi,
l'abitazione del tempo dà i numeri
alla ruota eterna dei pazzi.

Cordelia ne giocherebbe uno
sul re di cuori.

Nature Plays and Bites

Like a top spinning in the freedom of the wind
Nature plays and bites.
It darkens the sun
for which man is a voice
that sinks on its fist
into forests and seas.

El Niño, the breath of a mind
that destroys idols
and towers of lies,
vindicates the peace of fossils.

In the guise of skies
increasingly blurred
in the spirit's abysses,
the home of time calls crazy numbers
on the eternal wheel of the mad.

Cordelia would place her bet
on the king of hearts.

Stregato dalla solitudine

Da quando le vele non ci sono
dove l'occhio si perde,
che ne faccio dei venti?
Più non guidano i miei viaggi.

Da quando tra la preghiera e i morti
ci sono fiori di plastica,
io, stregato dalla solitudine,
stringo al petto il candore
di un lenzuolo,
bacio i libri
e gli occhi delle statue.
Canto l'origine della vita.

Bewitched by Solitude

Now that there are no sails
where the eye is lost,
what shall I do with the winds?
They no longer guide my journeys.

Now that there are plastic flowers
between the prayer and the dead,
I, bewitched by solitude,
clutch to my breast the whiteness
of a sheet,
I kiss books
and the eyes of statues.
I sing the origin of life.

Tra le mura e l'ignoto

Luce dipinta sul giorno
allontana le ombre,
il suono delle tasche.

Dove il mondo è un proscenio
in fiamme,
la pietà di un'epoca
è nei volti che difendono il sogno.

Tra le mura e l'ignoto
il futuro è un frutto aperto
sul cuore delle stagioni.

Between the Wall and the Unknown

Light painted upon the day
drives away the shadows,
the sound of pockets.

Where the world's a stage
in flames,
the piety of an era
is in the faces of those who defend the dream.

Between the wall and the unknown
the future is a fruit opened
on the heart of the seasons.

Pirati

In una grande nave di legno
il tempo si frange
in mille onde,
che fanno danzare un teschio
sulle vele color seppia.

Lungo un riflesso di anime in coro,
un cielo di vecchie nubi
accompagna la bandiera
dei sogni in bottiglia.

L'estate delle isole
scorre nelle vene,
scioglie i nodi al messaggio dei lampi.

Pirates

In a large wooden ship
time breaks
into a thousand waves,
and sets a skull dancing
on sails the colour of sepia.

Along the reflection of souls in chorus,
a sky of old clouds
accompanies the flag
of dreams in a bottle.

The summer of islands
flows in the veins,
undoes the knots of the lightning's message.

L'amore non sa più attendere

Anziché sui colli romani
preferisco balbettare a Venezia,
dove sulle carogne
si placa l'ansia del gabbiano.

L'amore non sa più attendere
un suo figlio ribelle.

Sulla trasparenza
d'un cristallo pieno di 'lentiggini'
batte il maestrale,
che porta il mattino
verso la pioggia.

Love Can't Wait Any More

Rather than on the Roman hills
I prefer to stutter in Venice,
where the seagull's distress
is soothed by carrion.

Love can't wait any more
for its rebellious son.

On the transparency
of a crystal full of 'freckles'
beats the northwesterly,
bringing the morning
towards the rain.

A un passo dalla meta

Ormai giunto a un passo
dalla meta estrema,
dove ogni debito si fa catena
o si cancella,
mi lascio dipingere
le mani e la fronte.

Già nel grembo le tempeste
danno fiato alle ombre.
Hanno fatto salire una pulce
sul mio naso
macchiato di rancido latte.

Solo quando il tramonto
mi coglierà in ginocchio
potrò dire all'ultimo dei voli:
'Ti seguo!'

One Step from the Goal

Just one step
from the final goal,
where every debt becomes a chain
or is cancelled,
I let them paint
my hands and forehead.

In the womb already storms
give breath to shadows.
They have made a flea climb
on my nose
stained with rancid milk.

Only when the sunset
finds me on my knees
can I say to the last flight:
'I follow you!'

Dio mi ascolta

Da quando il vino
fa di me una tromba,
Dio mi ascolta.

Nel sonno invocato
nutro le serpi,
ma egli mi ama.

Finché il dolore
macchia il foglio
e una formica
segue il profumo del pane,
io sarò per lui
un figlio da gran volo.

God Has Listened to Me

Ever since wine
made a trumpet of me,
God has listened to me.

In sleep invoked
I nourish serpents,
but he loves me.

As long as sorrow
stains the page
and an ant
follows the smell of bread,
I will be for him
a child of the great flight.

In libertà di vento

Sulla zattera del tempo
che sta per affondare,
in libertà di vento
spezzo il pane del giusto.

Prima di seguire i lampi,
le anime senza gloria,
devo andare dove la gioia
è un verbo sui monti.

In the Wind's Freedom

On the raft of time
which is about to sink,
in the wind's freedom
I break the bread of the just.

Before following the lightning flashes,
the souls without glory,
I must go where joy
is a word on the mountains.

Hanno un pianto, le nazioni

all'Unicef

Ogni uomo ha un debito
sul registro di chi ama
la sapienza delle favole.

E già dura, la terra,
per chi è scalzo
lungo il volo d'aquilone.

Non hanno spazi di vertigine,
le voci che si perdono
tra le mura di casa.

È già orfano, il cuore,
tra le brillanti cifre
e l'onore in fumo.

La menzogna è un mercato
di senili battaglie,
di vele contro ogni vento.

Per un tamburo che veglia
il sonno della ragione,
le nazioni hanno un pianto
che si chiude a riccio.

The Nations Have a Lament

for Unicef

Every man has a debt
in the accounts of those who love
the wisdom of fairy tales.

And already the ground is hard
for those who have no shoes,
long is the kite's flight.

There is no dizzying space
for the voices fading away
within the walls of the house.

And already orphaned, the heart,
amid dazzling figures
and honour lost in smoke.

Falsehood is a marketplace
of senile battles,
of sails against all winds.

For a drumbeat that stirs
the sleep of reason,
the nations have a lament
which closes like a clam.

Ma il nuovo giorno
ha una luce che mai si perde.

Dare oggi, domani e sempre,
un pane all'innocenza,
si diventa come il grano
che fa cantare la fede.

But the new day
brings light that is hard to lose.

Giving today and every day
a loaf to innocence,
you become like the wheat
that makes faith sing.

Alla mia vecchia penna

Con il tuo contenuto di seppia
ho macchiato il candore
delle mie vele di carta,
ho aperto uno scrigno nella nebbia,
e il brillio delle dure cose
ha sostituito il canto delle sirene.

Da un battito di follia
con te ho creato ogni aspetto
che artiglia e morde
il fine degli oceani.

Fra le tue quinte hai posto il nulla
intorno al suono dei pascoli.
Ogni orizzonte l'hai mutato
in bassifondi melmosi e freddi.

Tutti scrivono per un bacio e una spada,
per una corona più leggera della folgore.

Fuggito da un bailàmme
di voci artificiose,
io, ultimo asino
di un'epoca senza gloria,

To My Old Pen

With the sepia you contain
I have stained the whiteness
of my paper sails,
I have opened a treasure chest in the fog,
and the glitter of hard things
has replaced the sirens' song.

From a pulsebeat of madness
with you I have created every aspect
that claws and bites
the oceans' end.

In your wings you have encircled
the sound of meadows with nothing.
Every horizon have you transformed
into a cold and muddy slum.

We all write for a kiss and a sword,
for a crown lighter than a flash of lightning.

Escaping from the uproar
of artificial voices,
I, the last ass
in an era without glory,

do alle fiamme lo strumento
che abbrevia i miei sonni,
già scossi dalla recente vendemmia.

toss to the flames the instrument
which has shortened my sleep,
so recently shaken by the grape harvest.

Quattro versi e una zanzara

In mezzo ai campi del mio spirito,
sempre alle prese con il sudore,
sono stato una vanga e una falce.
Ma solo tempesta ho raccolto!

Col mio sangue, l'insetto musicale
ha danzato sui quattro versi
come una grossa pulce.

Four Lines and a Mosquito

Amid the fields of my spirit
always struggling with sweat
I have been a hoe and a scythe.
But I have reaped only storms!

With my blood, the musical insect
has danced on these four lines
like a gorged flea.

La patata

Il caro «frutto»
quasi rotondo
che dopo il latte materno
sostituì la bontà
del pane e della polenta;
che nelle battaglie
d'infinita ignoranza
nutrì l'ansia di pace,
l'evento di una tregua,
mi dà la dolcezza
del primo canto.

Da fanciullo scalzo,
tra il focolare spento
e la madre curva
sulla trama dei merletti,
piansi a lungo
per un vecchio tubero
a me negato.

The Potato

The dear 'fruit'
almost round
which after mother's milk
replaced the goodness
of bread and polenta;
which in battles
of infinite ignorance
nourished the longing for peace,
the event of a truce,
is as sweet to me
as the first song.

A barefoot boy,
between the cold hearth
and my mother bent
over her lacemaking,
I wept long
for an old tuber
denied to me.

Non rimane che un porto

Stanco di pregare un silenzio
a muro di gomma,
il nutrimento del mio spirito
è una grossa fetta di polenta
e uno spicchio d'aglio fritto.

Mia timida lettrice
dai capelli color fiamma,
di quanto ci fu caro
non rimane che un porto
in fondo al sonno del ramarro!

Nothing Is Left But a Port

Tired of praying silence
to a rubber wall,
the nourishment of my spirit
is a large slice of polenta
and a clove of fried garlic.

My shy reader
with hair the colour of flame,
of all that we once held dear
nothing is left but a port
in the depth of the lizard's sleep!

Appena sveglio

Il cane ha sostituito
i figli già lontani.
Langue, il gatto,
sul troppo cibo.

Il giorno è un vestito
'usa e getta',
ma l'entità dei fiumi
non segue il percorso
di una bomba 'intelligente'!

On Waking Up

The dog has replaced
the children now far away.
The cat slumps
from too much food.

The day is a garment
to 'use once and throw away',
but the entity of rivers
does not follow the route
of an 'intelligent' bomb!

Fratello pesce

Sei nato, fratello pesce,
per dare un fine all'orizzonte.
Grande pellegrino, il mare
incide le sue avventure
sulla tua pelle rilucente,
il tuo segreto è l'ansia
del fondo primordiale
dove non giunge l'insidia
dell'amo e della rete.
Libertà vale per te
come per l'uomo senza lacci.
Ti è compagno l'annegato
che scivola come una lama
nell'acqua colma di luna.

Brother Fish

You were born, brother fish,
to give the horizon an end.
Great pilgrim, the sea
engraves its adventures
on your shiny skin,
your secret is the longing
for the primordial depth
where trickery of hook
and net cannot reach.
Freedom means to you
what it does to a man without ties.
Your comrade is the drowned man
sliding like a blade
into water brimming with moonlight.

Transustanziazione

Nel candido pane
ci sei proprio tu, Cristo!
Per l'emozione di accoglierti
fremono le viscere
dei mansueti.

Con la punta non aguzza
del mio unico dente
più non oso penetrare
il tuo verginale corpo.
Che in breve si consuma
tra i fumi
del vino andato a male.

Per la tua gloria
sono diventato un cannibale!

Transubstantiation

In the white bread
it really is you, Christ!
On receiving you
the viscera of the meek
tremble with emotion.

With the blunt tip
of my only tooth
I no longer dare to pierce
your virginal body.
So soon to be consumed
amid the fumes
of wine that's gone bad.

For your glory
I have become a cannibal!

Per un larice morente

Creatura dalla chioma di orrenda medusa,
che un tempo hai ospitato
i voli e le croci
di un cieco eremita,
con te la calura mi fu lieve.

Appeso ai tuoi rami danzò il mio corpo
fino al tripudio del Tiepolo ...

Vecchio albero solo quanto me,
più non ascolterò
l'agonia delle tue radici.
Ma domani sarò ancora pietoso,
tra i verdi giganti del Brenta!

For a Dying Larch

Creature with hideous Medusa hair,
which once sheltered
the flights and tribulations
of a blind hermit,
with you the heat barely touched me.

Hanging from your branches my body danced
until Tiepolo's jubilation ...

Tree no older than myself,
I shall no longer hear
the agony of your roots.
But tomorrow I shall still be compassionate,
among the green giants of Brenta!

ACKNOWLEDGEMENTS

Grateful thanks for their help in preparing this book to Aldo Vianello, Matteo Poletti, Giovanni Distefano, Richard Berengarten (Burns) and Linda Lappin; to the Italian Ministry of Foreign Affairs, via the Italian Cultural Institute in London, for a grant towards translation costs; and to these Italian publishers for permission to reprint texts from their books:

BINO REBELLATO EDITORE, PADOVA: *Timide passioni*, 1964; *Cuore e abisso*, 1966; *Il timoniere del sole*, 1969; *Una fonte si apre*, 1970; *Per una terra di stelle morte*, 1971; *Capovolto il domani*, 1974; *Evento umano*, 1976; *Nuovo tempo*, 1977

LA BANCARELLA EDITRICE, SCHIO (VICENZA): *Con un carico di pietre*, 1981

EDIZIONI HELVETIA, VENEZIA: *Il guardiano dell'estate*, 1981

EDITORIA UNIVERSITARIA, VENEZIA: *Oceani di riscatto*, 1992; *Sinfonia di un potenziale suicida*, 1993

SUPERNOVA EDIZIONI, VENEZIA: *Gli echi della mia valle*, 1995; *Dal silenzio al nulla*, 1998; *Il ribelle*, 2002; *Il piacere di non fingere*, 2004

Aldo Vianello's other collections are:

Dalla rampa del tuono, Editoria Universitaria, Venezia, 1992
Quotidiana fermezza, Supernova Edizioni, 2007
Il silenzio è un gatto che mi dà ragione, Supernova Edizioni, 2008